Aunque la nieve caiga de repente

JORGE GARCÍA DE LA FE

Copyright © 2015 Jorge García de la Fe

All rights reserved. No part of this book may be reproduced in any manner without the express written consent of the Publisher and Author, except in the case of brief excerpts in critical reviews or articles. All inquiries should be addressed to: Pandora Lobo Estepario Productions, 1239 N. Greenview Ave. Chicago, IL 60642

All rights reserved.

ISBN: 1940856175
ISBN-13: 978-1-940856-17-9

Library of Congress Control Number: 2015935967

A mis padres Luis y Felicia, mi hermana Julia.
y mis hijos Marlon y Cynthia.

A todas las personas que tienen la valentía de asumirse cuando descubren que son diferentes.

Aunque la nieve caiga de repente

Este poemario es un tributo al soneto como forma de composición poética y a sus principales cultivadores en todas las épocas. Muchos de los sonetos que en él aparecen tienen como estribo un verso de algún sonetista clásico o contemporáneo: español, latinoamericano o propiamente cubano. En él apoyé el pie para aventurarme a los temas poéticos de siempre: amatorio, filosófico, humorístico, patriótico, social, etc. Hay un grupo de mis sonetos que constituyen una autoexploración interior, una visita a mis entrañas desgarradas por circunstancias tales como: el país donde nací, el exilio y mi orientación sexual; las cuales acojo y asumo desde la aceptación incondicional y el amor.

El soneto, al utilizar el endecasílabo, un verso de arte mayor, me permite desarrollar un tema con mayor amplitud y flexibilidad que con estructuras poéticas de arte menor. El soneto también me permite experimentar en el uso de recursos como el encabalgamiento, cuyos efectos tienen resonancias; no sólo sintácticas, sino semánticas. Como poeta, siempre he comulgado con la poética de José Martí en sus Versos Libres (1891): "Amo las sonoridades difíciles, el verso escultórico, vibrante como la porcelana, volador como un ave, ardiente y arrollador como una lengua de lava."
El autor

Paradoja del arco: La poesía de Jorge García de la Fe

> La poesía es el fundamento del ser por la palabra—
> **Martin Heidegger**

> Precisemos el lugar: ciertas obras y objetos no se pueden exponer mejor que haciendo como que no escribes para nadie, incluso ni siquiera para ti, sino para el objeto enteramente—
> **Walter Benjamin**

Precisar el lugar desde donde se habla no implica exclusivamente una determinación geográfico-cultural - a veces-. Precisar el lugar es determinar la posición del sujeto y el modo de la enunciación -pero sólo a veces-. ¿Desde dónde y cómo se hablará entonces en esta colección de sonetos, *Aunque la nieve caiga de repente*, del poeta cubano Jorge García de la Fe?

Se habla, cumpliéndose los parámetros de la buena escritura según Walter Benjamin, desde un espacio configurado por la utopía geográfica del exiliado, por la magia que el poeta ha construido en un intento de diálogo. Así avanzamos hacia el encuentro con el mundo –entendido como la revelación esencial de las cosas-. Es decir, la experiencia poética realizada en un intento de aproximación a la esencia del ser, pero ese Ser al que el poeta aspira a aproximarse en estos versos, no es su ser o nuestro ser, sino el a veces llamado 'inalcanzable Ser de la Poesía'. Lo que conmueve es que Jorge García de la Fe lo asume, y se apoya en la formula clásica del soneto para la construcción de su poemario. Conmueve, porque como bien sabemos, la palabra soneto nace etimológicamente del término latino sonus, que puede traducirse como 'sonido'[i]; y en la cita de José Martí incluida al principio del poemario -con la que el poeta se identifica-, nos asegura: "Amo las sonoridades difíciles…". El conocimiento sénsico y sinestésico permea estos poemas. La paradoja básica de esta magistral concepción aparece cuando el poeta reconoce que la experiencia –toda experiencia, incluso la sensorial- no se relaciona tan sólo con las cosas pensables –como nuestra propia humanidad-, sino que siempre se relaciona con el signo lingüístico hecho poesía. Así lo veremos claramente en su soneto "Me lloro bien adentro, me derramo":

Me lloro bien adentro, me derramo
en un cáliz tallado con mi queja.
Y no te pido cuentas de mi vieja
flagelación de niño. No me amo.

Si soy un ser sombrío, lastimero;
no exijo tu disculpa. Mi abandono
tiene un verdugo al cual sí no perdono.
Es mi propia persona: un forastero

ajeno, duro y frío con su pecho.
Bien poco me merezco ser tu amante,
pues voy por dentro frágil y deshecho.

Aléjate de un alma semejante,
de un barco que navega tan maltrecho
por mar tan borrascoso y trepidante.

Gracias a la percepción de sus sentidos, el poeta puede describir las experiencias realizadas en un intento de aproximación a la esencia de sí, que resultará más bien ser una aproximación a la esencia poética. Desde esta concepción, que implica una pugna entre elementos ontológicos y gnoseológicos, se proyecta este magnífico poemario. Leeremos *Aunque la nieve caiga de repente*, entre celebraciones y nostalgias, entre gozos y elegías, viendo cómo se cumple el vaticinio filosófico de Walter Benjamin y recordando, con respecto a este hermoso trabajo poético de Jorge García de la Fe, la celebrada frase de Víctor Hugo: Un poeta es un mundo encerrado en un hombre.

Juana Iris Goergen, DePaul University

---

i: Derivara en la palabra italiana –por ser el lugar donde nace-, 'sonetto' y evolucionara en español a la palabra soneto. El soneto es uno de los géneros líricos de mayor vigencia en la historia de la literatura española.

RECONOCIMIENTOS

A Proyecto Contratiempo, Northeastern Illinois University, Centro Romero, Alberto Abreu, Miguel López Lemus y Juana Goergen.

SONETOS

Jorge García de la Fe

Absorto me refugio casi siempre

Absorto me refugio casi siempre
en los cálidos gestos de las cosas,
por eso si las flores son hermosas,
pudiera equivocarme de noviembre.

Quizás en el jardín del tiempo siembres
futuras otoñales mariposas
y yo negocie, al néctar de las rosas,
tus besos atrevidos y bimembres.

Así me voy anclando a cada instante,
que el alma dulcemente saborea,
a cada percepción significante;

pues la sustancia del vivir gotea.
Aunque filosofar es importante,
primero soy un cuerpo que desea.

Acepto este destino de camisas planchadas[1]

Acepto este destino de camisas planchadas;
desinfecto y perfumo mi cuerpo antes de amarte;
con verdes antisépticos fumigo las almohadas
porque pudiera alguna bacteria inocularte.

¡Qué gérmenes más pulcros para un banquete impuro!
De ricas cochinadas nuestras bestias se excitan;
intercambian fluidos de orificios oscuros
y los microorganismos, amenazados, gritan.

No sólo por los astros vuela la fantasía
sexual. Es microbiana esa bruja indiscreta
y explora perversiones, delirios asquerosos.

El amor desordena la epidemiología;
desinhibe la mente de reglas y etiquetas
y nos canibaleamos a mordiscos sabrosos.

---

[1] Verso del poema "El niño bueno" de Julio Cortázar (1914-1984).

Adiós, eternidad que desconozco[2]

A Shakespeare y Cervantes

Adiós, eternidad que desconozco;
sabes adónde voy, de dónde vengo.
Estas cuencas vacías, que ya tengo
en las manos de Hamlet, las conozco;

también mi sed de ti, que no es mi muerte
y no cabe en aurora prometida.
Adiós, eternidad, toma mi vida;
arráncame este vicio de quererte

besar en los efluvios de las noches.
Creyendo que te atrapo, soy tu sueño;
y me condenas a esta sed antigua,

indiferente ante cualquier reproche.
Jinete soy, cabalgo a Clavileño
por la blancura de una nube ambigua.

---

[2] Verso del poeta cubano Samuel Feijóo (1914-1992).

¿Adónde te remito el corazón?

¿Adónde te remito el corazón?
¿Tiene tu cuerpo una zona postal?
¿Acaso existe en tu región costal
una hendidura con algún buzón?

En el envío te voy a adjuntar:
el muslo, la barbilla, la nariz;
también la ponzoñosa cicatriz
del dardo que horadó mi costillar.

Desde la tarde en que bebí tu miel,
no tengo que decirte; sabes tú,
mi orgullo se me ha vuelto amigo infiel.

Deprédame sin miedo a ese tabú
para vivir debajo de tu piel
como jugosa savia de bambú.

A la gran certidumbre, oscuramente[3]

A la gran certidumbre, oscuramente,
voy cabalgando nubes, transparencias.
Soy perseguido por reminiscencias
de vidas que dejé al cruzar el puente.

¿Quién se las apropió en el abandono
y me las vive limpias de su queja?
¿Será que ir adelante es una vieja
usanza de vestir roto kimono

que alguien dejó al fragor de la batalla?
¿A quién le vivo yo sus desazones
creyéndome que estreno un argumento?

¿Por qué me baño ingenuo en esta playa
que profanaron olas y ciclones
en los espasmos lúbricos del viento?

---

[3] Verso del poema "Qué alegría vivir" del poeta español Pedros Salinas (1891-1951)

Al nocturno sopor del sueño vano[4]

Al nocturno sopor del sueño vano
voy hilvanando versos de un soneto.
Cual ángel decadente me sujeto
a un aire neobarroco sarduyano.

Convoco carnavales, simulacros.
Tatuadas máscaras se travestizan
en voces grávidas que se deslizan
violáceas por ambiguos templos sacros.

El cuerpo, de aleatorias escrituras,
parodia sugerentes disyuntivas.
Los poros sangran luz de alternativas

que reduplican fatuas travesuras;
y yo me somatizo en las cautivas
redes semánticas de la locura.

---

[4] Verso de *"Soneto III"* del poeta mexicano Salvador Novo (1904-1974).

Amor, ¿qué voy a hacer con tanta ausencia?

Amor, ¿qué voy a hacer con tanta ausencia?
Esa enorme antiflor que, transparente,
desampara mi boca penitente
de tu lengua invasora. ¿Qué indecencia

revivir el gozoso desatino?
Desparramados trapos por el suelo
gimiendo quieren contemplar el duelo
de dos arcángeles ardiendo en vino

y rosas. ¿Qué mortales días volaron
por la turgente fruta de tus dedos?
¿Adónde iré esta noche con la sombra

de los rudos atletas que cruzaron
espadas entre el éxtasis y el miedo?
¿Qué caracola férvida los nombra?

Ansias de aniquilarme sólo siento[5]

Ansias de aniquilarme sólo siento,
de retornar gozoso al infinito;
y liberar mi cuerpo del maldito
pozo de necesidad. Me ausento
del Sísifo al que ruedo condenado.
Quisiera vivenciar el amor mismo
y despeñarme rápido al abismo,
dejar de ser. Estoy aprisionado

en esta cárcel burda del apego.
Negocio cada día, inevitables,
pactos prosaicos con la puta vida.

Sospecho que este afán es sólo un juego
de cartesianas tesis contrastables.
Entonces, mi cerebro se suicida.

---

[5] Verso del poema "Nihilismo" del poeta cubano Julián del Casal (1863-1893).

Aquella tarde en Cuba, con tus ojos

Aquella tarde en Cuba, con tus ojos,
me bombardeaste del mortal veneno;
casi sentí que me cayera un trueno;
y te ofrecí al instante mis despojos.

Ya nunca más me quise ni he querido
a nadie; no es una exageración.
Todavía es cantable la canción
que te hice cuando me sentí perdido.

Van siete años de frontera en medio;
toneladas de ausencia, lluvia y nieve;
dos cuerpos protestando ante el espacio;

dos corazones mueren sin remedio;
Cada recuerdo que conservo bebe
el susto de quererte bien despacio.

Arrastro un esqueleto adolorido

> "Falta la vida, asiste lo vivido, y no
> hay calamidad que no me ronde"
> *Sonetos*, Francisco de Quevedo

Arrastro un esqueleto adolorido
que me prestaron hace algunos años,
y ya me apesta el cuerpo a desengaños
que al alma testaruda no han vencido.

Espero de la vida más fracasos,
porque los golpes me hacen más iluso
de comenzar cada mañana, incluso,
si los placeres se hacen más escasos.

Pero le digo al hombre que me habita:
"Despide y agradece la jornada,
pues ya se va acabando la visita

que comenzó con llantos y nalgadas.
Del almanaque no se resucita;
recoge y vamos que no somos nada".

Aunque me eleve y flote en pensamientos

Aunque me eleve y flote en pensamientos,
se rompe la burbuja. Cotidiana
es la insatisfacción por la semana,
el día difícil con sus desalientos.

Se hilvanan lo divino y lo prosaico
en una urdimbre caprichosa en tonos:
incertidumbres llegan; abandonos
resbalan. Todo vibra en el mosaico

de esta vida que vivo y que me vive:
el magro desayuno, la noticia,
la llamada, el correo, los frijoles,

las malas mañas a que soy proclive,
lo que me angustia, lo que dijo Alicia,
el tablero de Ifá y los caracoles.

A veces aquel niño me visita

A veces aquel niño me visita,
el que se me durmió una noche amarga;
y yo lo mezo, le canto una larga
canción de cuna que lo resucita.

Invoco a otro difunto más lejano
para que juegue un rato con mi hijito;
y parecemos duendes. Les permito
que trituren el tiempo grano a grano.

Entonces, años, meses, y minutos
son las clavijas de un loco artefacto;
y Dios con esas manos inocentes

vuelve a ensamblar mi vida. Diminutos,
los días se me antojan cielo abstracto;
y vuelan ángeles resplandecientes.

Bajo el ángulo recto de una estrella[6]

Bajo el ángulo recto de una estrella,
medita un monje zen; hay mariposas;
y flota un ataúd con su botella.
Un perro endemoniado muerde rosas
y bebe vino todo un medioevo.
Escribe un bardo haikus tan extensos
que son antipoemas. Todo es nuevo
en sus vejez de párpados inmensos.

La estrella, el monje, el perro y el poeta
se burlan ebrios de la geometría.
Imaginarias, fabulosas aves

atraviesan el cielo en bicicletas.
¿Qué loca lógica espacial podría
traer al medioevo en sus tres naves?

---

[6] Verso del poema "Hay un día feliz" del poeta chileno Nicanor Parra (1914).

Buñuelos del exilio

Mamá, hoy es diciembre treinta y uno;
¡Qué ganas de comerme ese buñuelo!
Yuca, boniato y calabaza muelo;
con gramos de nostalgia amaso y uno

el postre que será mi desayuno.
Ya está el almíbar oloroso, cuelo
este licor de anís en otro cielo.
El celular me avisa, inoportuno,

de una fugaz y errática llamada;
me salta el corazón de la receta.
Mamá, si yo pudiera hasta tu almohada

llevarte mis buñuelos. ¡Qué olvidada!
No puse sal, mas eso no me inquieta;
el agua de mis ojos es salada.

Cada vez más te siento menos mío[7]

Cada vez más te siento menos mío,
porque hace lunas que no aposentas
tus aves en mis ramas. Las tormentas
ya no te traen, ni es alcahuete el frío.

¿Por qué no te reportas? Me pregunto:
¿Retiras tus barcazas de mi mar
o estás a punto de desembocar
en otro vientre? No me creas difunto.

Todavía mi cama bien derrite
metales como el hierro y el tungsteno
cuando tiene invitados al convite.

No me ablando en el arte de ser bueno;
y antes que el cielo se me precipite,
también, sin titubear, puedo ser trueno.

---

[7] Verso del soneto "Mar" del poeta mexicano Xavier Villaurrutia.

Comprendo la quimera a que me aferro

Comprendo la quimera a que me aferro:
la imposibilidad de poseerte.
Aunque te cerque entre mis brazos fuerte,
más te me fugas mientras más te encierro.

¡Qué manera de amarte tan volátil,
tan de noche consciente en escapada!
Quisiera apretujarte en la mirada,
y que mañana no seas la portátil

imagen que de ti lleve al trabajo.
Eres eterna sed, agua que nunca
me calmará del todo. Desearte

será un instinto permanente y bajo.
Este amor es un vuelo de ala trunca.
¡Tanto quererte y tan poco atraparte!

Cuando me ausento y dejo de ser yo

¡Qué maravilla que no me destruyo
cuando me ausento y dejo de ser yo!
Da igual decir que sí o decir que no;
en el desasimiento me construyo.

Tiro los dados y las seis opciones
están concretamente disponibles.
En este aquí y ahora son posibles
las epopeyas, sus disoluciones.

¡Qué alivio da saber que si decido
no decidir es una decisión!
Está resueltamente decidida

mi mente a caminar por el olvido
feliz como quien canta su canción
de gratitud eterna por la vida.

Cuando me vuelvo sobre mi persona

Cuando me vuelvo sobre mi persona,
juegos de espejos desde el infinito
vienen y van como en voraz circuito;
mi vida se construye y desmorona.

Recuerdos me visitan del futuro,
y es el pasado una esperanza presa;
mariposea sobre la pavesa
de un tiempo que acaricio y que conjuro.

Me amo mientras más me contradigo,
y bebo paradojas indigestas
que se me clavan tercas en mi ombligo.

Burlón, me río de las contrapuestas
razones densas con que me castigo;
y muerde otra pregunta sin respuestas.

Dejemos a esos dos en el camino

Dejemos a esos dos en el camino,
congelados. Tú y yo ya somos otros
mirando diferente. No hay nosotros
para esta nueva aurora. Voló el trino
del pájaro del cual éramos alas.
Se evaporó el encanto. Duele mucho
mascar la realidad. Habla, te escucho.
Tu boca aborta flores; siento balas;

tus ojos cantan lo que no me dices.
Lo tengo que admitir; otra no queda;
iremos a otras fuentes y migajas

de pan. Me dejas estas cicatrices
en carne viva. Es otra tu vereda.
Queda fuego en mi pecho. Me amortajas.

De nacer a morir soy intervalo

> "No por nacer de espino
> la rosa vale menos, ni
> tampoco el buen vino
> por salir del sarmiento."
> *Proverbios morales*, Sem Tob

De nacer a morir soy intervalo
como un relámpago en la eternidad;
y cuando así me pienso, una ansiedad
asusta al alma. Pero es un regalo

saber que irá mi efecto mariposa
remontando el confín del universo.
Y exhalo mi dolor en este verso
que desangra su herida en una rosa.

Quisiera incinerarme en amor bueno
antes que se consuma mi existencia;
donarme como un órgano; ser lumbre

hasta los huesos; ser el fértil cieno
donde broten semillas; ser esencia
en la inmortal y vasta muchedumbre.

De peces, de panes, de rayos, de estrellas

De peces, de panes, de rayos, de estrellas,
de semen, de sangre, de vino, de rosas,
estamos forjados y somos las huellas.
Nos creemos dioses de todas las cosas,

pero permitimos que una brizna suave
de viento en la cara nos aborte el día.
Entonces, es negro el vuelo del ave,
y todo se vuelve caos y anarquía.

¿A dónde se ha ido el amor que predica
que somos amor y de amor fuimos hechos?
Los espejos tiemblan si osamos mirarnos

con rabia, con odio de bestia que pica;
y reflejan rojos ángeles maltrechos.
¡Vida, qué trabajo nos cuesta encontrarnos!

Desde este corredor de la memoria

Desde este corredor de la memoria,
las cosas amarradas a mi vida,
evoco: la canción, la despedida,
la foto, el libro, la dedicatoria,

la carta, el crucifijo, la escalera,
el sí, la nube, el tedio, los zapatos,
el parque, aquel olor, los garabatos,
la profesora, el tren, la flor, la acera,

el pueblo, aquella vida, el cementerio,
la gente buena, mi circuncisión,
el accidente, el chiste, el día de playa,

tu sexo, el aguacero, aquel misterio,
la vez primera, mi preocupación.
¿Con quién se quedarán cuando me vaya?

Destrabo mi garganta de su nudo

Destrabo mi garganta de su nudo;
ya nada detendrá mi voz más pura.
Se hace la luz en toda la negrura,
y pierdo el miedo a estar por fin desnudo.

Cobarde fui. Soy hombre, y amo a un hombre;
a nadie se lo escondo y disimulo.
En su pubis me pierdo. Allí deambulo,
y en todos los encantos de su nombre.

Alzo la frente como buen guerrero.
Aquiles orgulloso al verme llora
porque a Patroclo llevo en mi estandarte.

Soy muy dichoso. Sin tapujos, quiero
a un ángel que me lleva hasta la aurora
en los feroces brazos del dios Marte.

De todo nos estamos despidiendo

De todo nos estamos despidiendo;
cada llegada es una despedida.
Vivir es despedirse de la vida;
morir es el cruel modo de ir viviendo.

Se pierden barcos por el horizonte;
los trenes lloran al dejar andenes;
y cuando vas, sin darte cuenta, vienes
Pegaso abajo con Belerofonte.

Llegar a donde quieres es quimera;
venir de donde huyes es destino;
te pasas en vaivén la vida entera,

creyendo que ya estás en el camino.
Ninguna expectativa es duradera.
Salir, volver: el mismo remolino.

Detrás de los barrotes de mis versos

Detrás de los barrotes de mis versos,
soy un puro artificio, una mentira;
mi personaje se interpreta y mira
sus íntimos resortes, sus reversos.

Fabulo con mis luces y mis sombras;
y ya no sé si sueño lo que vivo
o si vivo mi sueño. Estoy cautivo
en mi propio espejismo. ¿Tú me nombras?

¿Pero a qué pobre mortal apelas,
a la entelequia que me has construido
o al hueco donde no me reconozco?

¿Sabes todo de mí? ¿Me desmantelas?
¿Descifras esta hipótesis que he sido?
¿Te atreves a decirme: "Te conozco"?

El día, la ilusión es devorada

A Karelia Drake

El día, la ilusión es devorada
por las fauces del tiempo. Ciego pozo
de negras piedras triturando el gozo,
las engañosas citas con la nada;

el ruin instante que furtivo corre
se entrega a fatuidad. ¡Qué gran dolor
el alma pudre! La marchita flor
de alucinada mariposa es torre;

y ya no hay margen para contemplar
el brillante fulgor de la mañana;
ni puedes con la tarde dialogar:

su mustia luz se exilia allá lejana,
porque la noche viene confirmar
que es necia la frivolidad humana.

El hambre de mi cuerpo, el laberinto

El hambre de mi cuerpo, el laberinto;
la grulla de Japón se contorsiona
en mi kimono. Eros no perdona;
abre las puertas de un nuevo recinto.

Casi Julián me llamo; Jorge, abjuro.
Deslumbra la visión del candelabro;
el sibarita se va al descalabro.
Las golosinas de alabastro puro;

palabras que me incendian y me encienden:
la lengua, el labio, el muslo, la lujuria,
la carne en remolinos, tanta furia;

los ángeles que gimen y no entienden.
Yo me olvidé de qué vendrá y qué hubo;
por un momento el tiempo se detuvo.

En este exilio que me ha dado un techo

Dos patrias tengo yo: Cuba y la noche[8]
en este exilio que me ha dado techo.
Engasto con palabras ese broche
con que me curo la úlcera del pecho.

Isla, tú no me cabes; no te quepo.
¿Dime, por fin, si estamos divorciados
o somos como dos novios anclados
en la distancia? Por mis sueños trepo

y no te alcanzo; tú pierdes mi rastro.
Pasa volando un ángel de alabastro;
traza en el aire su ciclón de olvido;

parece que ninguna leña ha ardido,
Yo sólo sé todo el dolor que arrastro
cuando me acuerdo de lo que he sufrido.

---

[8] Verso de *Flores del destierro* (1878-1895), del poeta cubano José Martí (1853-1895).

En aquel encuentro nos dimos las caras

En aquel encuentro nos dimos las caras,
los brazos, las manos, los dedos, las bocas;
y como las horas pasaban tan locas,
nos dimos las piernas, los muslos. ¡Qué avaras

caricias a espaldas y pechos! Volvimos
de nuevo y de nuevo, cabalgando vientres.
¡Qué fiebre, qué furia! No quiero que encuentres
lo que a nadie he dado. Y ambos escondimos

aquello que es virgen, que apena, que asusta;
lo que más negamos porque no es anexo.
Éramos mentiras, aparente calma,

cuerpos mercenarios de una causa injusta.
Casi nos asqueamos explorando el sexo,
pero -finalmente- nos dimos el alma.

Escribo bajo el ala del ángel más perverso[9]

Escribo bajo el ala del ángel más perverso
este poema negro como mi corazón;
mi sangre es el veneno que entinta cada verso
sobre la gris espuma de la desolación.

La noche es un ladrido que hiere este silencio
agónico. Mis labios, ¡qué huérfanos están
de ti! Lloro, me arrastro y ya no diferencio
tu carne de mi carne. En esa foto irán,

las sombras a encontrarse, de dos que se inventaron
un paréntesis tibio debajo de una piedra
intemporal; y en gozo mutaron el dolor

de muslos anhelantes; y nunca se saciaron
de soñarse uno al otro como el muro a la hiedra;
y siempre se evitaron cual si no hubiese amor.

---

[9] Verso del poema *"La rosa primitiva"* del poeta mexicano Efraín Huerta (1914-1982)

Ese pueblo de Cuba que se llama

Ese pueblo de Cuba que se llama
Máximo Gómez, y que fue Recreo;
lo sueño tanto que casi lo veo
más claro desde el charco de mi cama.

Allí sembré sin darme cuenta tantos
recuerdos que no caben en sus calles.
Ellos crecieron solos; sus detalles,
hoy me persiguen entre mis espantos.

Ayer me hubiera puesto un par de alas;
era domingo de estar con mis padres;
por poco la comida se me pasma.

Los años cruzan que parecen balas;
le digo a mi memoria: "No me ladres.
El pueblo que idealizo es un fantasma".

Es hoy; todo el ayer se fue cayendo[10]

                        A Febronio Zataraín

                  "Las Horas mi locura las esconde"
                      Sonetos, Francisco de Quevedo

Es hoy; todo el ayer se fue cayendo
al yermo latifundio del olvido.
Imágenes desertan. Lo vivido
regresa disfrazado. Voy tejiendo

y destejiendo una madeja trunca.
Es hoy eso que ayer era mañana.
El tiempo es una bestia. Sin ventana
herido vaga el horizonte. Nunca

prometo matrimonio a la memoria.
Es hoy prófugo río. Cada instante
naufraga en catarata que se exilia

al quirófano muerto de la historia.
Mi oscura biografía, ¡qué importante!:
Un simple fósforo en fugaz vigilia.

---

[10] *"Soneto XLIX"*, Pablo Neruda

Es la noche una cinta de estrellas[11]

A Juana Goergen

Es la noche una cinta de estrellas
de un Chicago Caribe romántico;
y yo le lanzo el corazón al lago
para que me lo regrese en un cántico.

Ya no es mío mi amor[12]; me voy al río.
¡Qué Grande es el Loíza! Viene Julia
en los brazos de un fauno. Lomeríos
son estos rascacielos en penuria.

Julia de Burgos, soy la tumba anónima
donde tuviste tu primer orgasmo.
Nueva York, Borinquen y La Habana

te vieron íntima a tus heterónimas.
No te quedes perdida en el marasmo.
¡Asómate, Chicago es tu ventana!

---

[11] Verso del poema *"Media noche"* de la poetisa puertorriqueña Julia de Burgos (1914-1953)

[12] Título de poema de Julia de Burgos.

Esos cuerpos del sauna que amenazan

Esos cuerpos del sauna que amenazan
son de nata, canela y chocolate.
Parecen gladiadores en combate
de ritmos, luces y vapores. Danzan,

con ingentes trofeos pendulares,
por recintos, pasillos y escaleras;
impúdicos exhiben sus caderas
como esculturas perpendiculares.

Se tocan y entrecruzan "casualmente"
en un reclamo de correspondencia
que puede derivar a una disculpa.

Pero si es más el gusto que la culpa,
se desordena una concupiscencia
que los imbrica colectivamente.

Esta costumbre de amarrarme al nombre

Esta costumbre de amarrarme al nombre
que no es el hombre que me va por dentro;
esta costumbre de amarrarme al hombre
que no es un alma, que no tiene un centro;

es una redundancia del vacío,
anónimo jinete de la forma,
que disuelto en el mar quiere ser río.
Ese vacío que no se conforma

con ser abismo, con sentirse nada.
Esta costumbre de amarrarme al tiempo,
de gravitar seguro en un palacio,

es la tristeza de saber que cada
imagen de mí mismo que contemplo
no es más que un espejismo del espacio.

Esta fruta mordida por mis dientes

Esta fruta mordida por mis dientes
se insubordina de insistente acoso.
¡Cómo se hiperboliza con el gozo
de la lengua y los labios eficientes!

Soy sádico, verdugo y carcelero
siguiendo los latidos del instinto.
Cada arrebato sube a otro distinto
furor de vampiresco desespero.

El jugoso manjar que me convoca
está en el borde de su paroxismo;
del néctar, cato savia adelantada.

Se ha rendido en el cofre de mi boca,
como quien se refugia en dulce abismo,
la fruta que mordí, acaramelada.

Éste es mi corazón; el partidario[13]

A Jochy Herrera

Éste es mi corazón; el partidario
de causas imposibles. El que late
zurcido por la ciencia. Su combate
se libra en estertores. A diario

me arrastra a inesperado laberinto.
Llena de miel mi tórax. Fluye y crece
su misteriosa savia. Se estremece
oscuro, apasionado, tan distinto

a la razón que todo lo procesa.
El cómplice, que en sístole se aprieta
cual pájaro cautivo de mi pecho,

en diástole renueva su promesa.
Aunque la vida a veces me lo agrieta,
lo pongo a salvo de cualquier despecho.

---

[13] *Sonetos*, Carilda Oliver Labra

Hacia la pura desnudez danzante

Ocupo un temporal cuerpo migrante
que modela horizontes en su viaje
hacia la pura desnudez danzante
del universo. Suelto al personaje

inflado al paso de los años densos,
y arrojo sus espurias pretensiones:
los días en las nubes, los descensos,
la cotidianeidad. Simulaciones,

gestos teatrales de este loco mundo,
me son cada mañana más ajenos.
¡Qué pretensión tan necia la del río

lo de negar a Heráclito! Profundo
puede mostrar su cauce, más o menos;
cuando se integre al mar será vacío.

Hay días en que siento una desgana[14]

Hay días en que siento una desgana.
Se me derrumba el cuerpo. El entusiasmo
se baja para abajo en un pleonasmo
de abúlico murciélago. Tirana

llega la pesadumbre cuando invade
mi corazón con su tropel de hastío;
y voy a la deriva cual navío
en brumas. Siento que te desagrade

la estampa de carnero degollado,
así como la anemia de confianza.
Vendrá algún nuevo evento festinado

que ponga contrapeso a la balanza
de lo que estuvo en mí desalentado.
La yerba se parece a la esperanza.

---

[14] *"Balada del mal genio"*, Mario Benedetti

Hay días que acobardan su color

Hay días que acobardan su color,
que me saben a limbo; entonces, canto
óperas a mis límites. De tanto
crepitar, me vuelvo desamor.

Me arrastro por el techo de mi cuarto
buscando otro comienzo. Desvarío,
acojo entre mis manos todo el frío
de un año más aquí. Mi cuerpo parto

como hostia resignada que se ofrece
a sus fieros demonios comulgantes.
Hoy Vallejo me invoca porque es jueves

en Chicago. Un dolor de huesos crece,
me sube por los tuétanos radiantes,
y me bebo mi angustia en sorbos breves.

Hay días que me ponen invisible

Hay días que me ponen invisible;
son ráfagas de ausencia; transparentan
mi plomo corporal. Un imposible
se instala visceral en lo que intentan

la inercia y la costumbre de saberme.
Salgo a la calle que no reconoce
mis pasos por sus huellas. Cuesta verme,
y todos me atropellan. Alguien tose,

y me proyecta contra un autobús.
Hay días incoloros; nadie llama
a mi teléfono, ni Jesucristo;

los pasaría debajo de la cama.
Hay días que me ignora hasta la luz;
y me pregunto si en verdad existo.

Hay una locura que todo lo cura

Hay una locura que todo lo cura:
no vivir anclado a tener razón;
y ver con el alma la luz de hermosura
que negamos desde la atroz desazón.

¡Qué gozo alejarse, perder el camino
predecible y lógico de la Matrix!
Sentirse extraviado, cancelar destino
ser un mar sin puerto, no tener raíz;

ir a la deriva por el infinito;
ser irreverente a la gravedad;
ser iconoclasta de todos los credos;

develar misterios; cruzar lo inaudito;
admitir la eterna transitoriedad;
y vivir la vida trabas ni miedos.

Aunque la nieve caiga de repente

Hay una vieja foto de mi infancia

Hay una vieja foto de mi infancia
donde aparece un niño que me mira,
y me pregunta si será mentira
mi adulto convocado a circunstancia.

Yo, como un padre, callo y compadezco,
porque soy Dios y sé lo que le espera.
Sé que se va a subir a la escalera
donde obligado pudro y envejezco.

Hay una foto del sesenta y uno
de un niño en el buró de su maestra
con libros de Martí, pero el detalle

está en el timbre que la foto muestra.
Lo toca el niño, dice que me calle.
Él sabe que, en el tiempo, somos uno.

Hoy quiero conversar con la tristeza

Hoy quiero conversar con la tristeza,
el ave que en el árbol de mi vida
tiene su rama verde. Llega, anida,
nunca pide permiso. Me confiesa

que yo he sido su padre desde el día
en que vino con hambre, el ala rota;
y le puse en el pico una bellota.
¡Que trine la tristeza su alegría

en el abismo vegetal frondoso
donde la luz me fotosintetiza
los sufrimientos! Yo vivo gozoso,

cual velero movido por la brisa.
Siempre tiene agua fresca y dulce el pozo
de donde borbotea mi sonrisa.

Inútilmente alargo este momento

Inútilmente alargo este momento;
se escapa entre mis dedos en huida
como la inevitable despedida
de un tren que ya se pone en movimiento.

Te vas, me voy; más bien, los dos nos vamos.
La eternidad es irse y todo encuentro
apesta a muerte. Algo se rompe dentro,
y el tiempo se hace trizas. Preguntamos

a Dios por qué es así de cruel la vida;
pero él también de desamor se queja,
mordido por antiguos desengaños.

Estamos solos frente a la embestida;
desamparados de esa puta vieja
en el burdel ingrato de los años.

Las flores que perfuman días de nieve

A Caridad García

Las flores que perfuman días de nieve
son rosas; y llegaron a Chicago
sin pasaporte, rojas, con un vago
olor de quien emigra. Me conmueve

el desamparo de su terciopelo.
Esos botones, arrancados para
arder como un milagro en tierra rara,
afirman primavera sobre el hielo.

Las rosas, cuyo fuego almas calienta,
pasaron los controles sanitarios
a pesar de traerse sus espinas.

Hay que pedirle al cielo que no mienta,
y que no nos disloque los horarios:
¿Serán, del tiempo, rosas clandestinas?

La soledad no cabe en el silencio

La soledad no cabe en el silencio:
los muebles, los objetos, el testigo;
lo que viene a asediarme y que no digo;
las cosas que no advierto y que presencio.

¿Dónde es que estoy ahora? Otra vez, lejos;
en un país que no es real, que invento.
Quiero ser un rincón del aposento;
es mortal asomarse a los espejos.

Aquella estancia, el gato, los relojes;
un niño y un anciano en cada punto;
ya se repite el ciclo que maldigo.

Te pido por favor que no me mojes
en esa luz. ¿Qué cara de difunto?
Lo digo con el dedo en el ombligo.

Llevo la vida entera tapiándome la boca

Llevo la vida entera tapiándome la boca,
encarcelando besos entre mis propios dientes,
ahogando la garganta tan despiadadamente;
que -más que carne y hueso- soy un trozo de roca.

Me he vuelto la mordaza de mis propios impulsos;
tan fiero es mi verdugo, que se niegan las manos
a caminar sus dedos por lugares profanos
de otros cuerpos propensos a episodios convulsos.

Pero si tú me miras tan descaradamente;
tan pronto me desnudas, tan fácil me adivinas;
que yo me compadezco del represor que hospedo.

Cuando al fin te decidas a atacarme de frente,
me escaparé del yugo del ser que me domina
como quien se libera por siempre de sus miedos.

Me aposento en tu ser, alucinado

Me aposento en tu ser, alucinado,
en la belleza que no se calcula.
El ojo en el espejo no se adula.
Yo te celebro aunque no esté obligado.

Tu cuerpo, convocando a religión,
no necesita un toque de campana.
La reacción en cadena. La manzana
callando en natural gravitación.

Me derrumban tus ojos, me derrotan
voluminosidades bajo telas.
Tú no te sabes. ¡Cómo me condenan

los atributos inocentes! Brotan
efluvios de tu bosque. Enciendo velas.
¡Devotas llamas por un santo penan!

Me curaré el color de tu abandono

> "Lo que sí no te perdono
> es que me hayas besado
> con tanta alevosía."
> *Te perdono*, canción de Noel Nicola

Me curaré el color de tu abandono
con cepas de mis propios anticuerpos.
Ya naufragué otros tiempos de otros cuerpos;
soy tierra que se nutre con su abono.

En mis viudas caderas tengo un trono,
en el que, cuando no hay sillón, me siento.
Me muevo con mi propio movimiento;
así que, vete alegre, te perdono.

De lo que sí, sabrás, no te disculpo,
es de tanta promesa y arrebato
con que embarraste el borde de tu boca

ni de la falsa vocación de pulpo
con tus ventosas sobre mi retrato.
¡Por poco mi camisa se equivoca!

Me estoy llorando el corazón que llevo[15]

Me estoy llorando el corazón que llevo;
me estoy llorando con mis dos quijadas,
me estoy llorando de mis madrugadas;
me estoy llorando todo un medioevo;

me estoy llorando de arroz blanco y huevo;
me estoy llorando y tengo unas punzadas;
me estoy llorando sobre las almohadas;
me estoy llorando la alegría que bebo;

me estoy llorando lágrimas de plomo;
me estoy llorando detrás de la puerta;
me estoy llorando, nadie quiere amarme;

me estoy llorando como un mayordomo;
me estoy llorando una esperanza tuerta;
me estoy llorando para no mearme.

---

[15] Verso del poema *"Última elegía"* de la poetisa cubana Carilda Oliver (1924).

Me excederán los días

Me excederán los días. En las ramas
del árbol de la muerte haré mi nido.
La pertinaz llovizna del olvido
irá cubriendo de sopor las camas

donde mi cuerpo fue tregua y combate.
Un viernes seré ajeno a la costumbre:
la taza de café, la muchedumbre,
la reflexión aguda, el disparate.

En la marisma absurda del destino
me adentraré. ¿Quién es indispensable?
Con versos en la boca ya tapiada,

un rígido cadáver clandestino,
devolverá su carne reciclable
al parto milagroso de la nada.

Me gozo en el placer de los varones

Me gozo en el placer de los varones;
lo admito abiertamente y sin reservas.
He leído a Walt Whitman entre yerbas
hambrientas de abultados pantalones.

En Cuba tuve luna, cementerio;
y un Omar -no revelo su apellido-
entre las tumbas me llevó al olvido
de que tenía el cuerpo en cautiverio.

A veces se me suben ciertos santos:
Lorca, Cernuda, Arenas o Virgilio;
y el cielo es más azul en el exilio.

Yo tengo un sólo anhelo, no son tantos;
cuando me muera, si no es irrespeto,
reposar abrazado a otro esqueleto.

Jorge García de la Fe

Me lanzo en cuerpo y alma a este soneto

Me lanzo en cuerpo y alma a este soneto;
suicida por sus versos me despeño.
Hambriento amante herido me diseño
porque en tu corazón soy obsoleto.

¿Qué culpa tengo yo de tanto fuego?
Dirás, todo asombrado e inocente.
Pirómano, me has dado, letalmente,
una fruta de fiebre, para luego,

dejarme en ascuas y desangelado.
Huyendo voy de mí, pues me avergüenza
el Ícaro de cera de mis alas.

Si estás hecho de sol y me has quemado,
me apagaré en los predios de Sigüenza;
pues sólo llevo dardos, y tú, balas.

Me lloro bien adentro, me derramo

Me lloro bien adentro, me derramo
en un cáliz tallado con mi queja.
Y no te pido cuentas de mi vieja
flagelación de niño. No me amo.

Si soy un ser sombrío, lastimero,
no exijo tu disculpa. Mi abandono
tiene un verdugo al cual sí no perdono.
Es mi propia persona: un forastero

ajeno, duro y frío con su pecho.
Bien poco me merezco ser tu amante
si voy por dentro frágil y deshecho.

Aléjate de un alma semejante,
de un barco que navega tan maltrecho
por mar tan borrascoso y trepidante.

Mi patria es una isla de palabras

Mi patria es una isla de palabras
ante el trasiego espurio del exilio.
Mi boca, al español, es domicilio;
y es el país donde pastan mis cabras.

Chicago: la embajada allegadiza
de Matanzas, la fruta en que nací.
A La Mancha y Macondo siempre fui
cabalgando una eñe bien castiza.

Jamás podré sentir en otro idioma
un dolor de barriga ni un orgasmo.
A mí, Colón me regaló una brújula.

Café es el castellano con su aroma.
¡Cuánto disfruto de un rico pleonasmo;
y qué sabrosa me sabe una esdrújula!

Narciso

> "Así Narciso en pleamar fugó sin alas"
> *Muerte de Narciso*, José Lezama Lima

¿Quién está ahí? ¿Qué herida voz excita
mis nervios con su queja atribulada?
Ameinias, no me busques, ten la espada;
me dejo seducir por quien me habita.

Tiresias hecatombe profetiza.
Acudo a los espejos, y me enrosco;
en laberintos fúlgidos embosco
como quien hacia adentro se exorciza.

En aguas de mi alma me contemplo;
me atraigo, me deseo, me onanizo.
A Némesis, enojo. ¡Qué osadía!

Ser oficiante de mi propio templo.
Hay pleamar. Sin alas me deslizo,
cautivo de mi propia cercanía.

Nadar en este aquí, que es este ahora

Nadar en este aquí, que es este ahora
donde la espuma deja de ser rastro.
Estar urgido por la sed que arrastro
al horizonte. ¡Cómo se evapora

el tangible espejismo avizorado!
¡Qué terca la ilusión que me contiene;
y que piadosamente me entretiene
en el sarcófago al que voy anclado!

Brevísimos, los sorbos que respiro,
de un aire que entra y sale echando suertes,
mientras me tomo en serio el pasatiempo.

Ya nada importará si el cuerpo estiro.
La más desgarradora de las muertes:
¡Este vivir en el dolor del tiempo!

No olvido que seré bien olvidado

No olvido que seré bien olvidado
por el olvido que a todos olvida.
Ya soy el muerto que vive su vida
con la hora que el cielo le ha marcado.

Pero, ¿qué hago con lo que me sobra
de este lamento de Jorge Manrique?
¿Me salvaré del tiempo aunque predique
que soy una mentira en maniobra?

Y me imagino túnel, viaje astral,
paraíso, regreso reencarnado.
¿Por qué apelar a tanta fantasía

para negar la nada? Hay un cristal
en cada despedida, y cualquier día
devolveré este sueño que he soñado.

Palabras son mis dedos que acarician

Palabras son mis dedos que acarician;
tu sexo es el clavel que me ofreciste;
y yo me quemo verde; en mí persiste
el holocausto. ¿Cuánto me desquician

las ciegas libaciones descendientes?
Soy árbol que florece con tu savia.
Cuando no estás, mi piel padece rabia
mordida por la ausencia de tus dientes.

Te mando mis raíces; quedo en vilo,
colgando cual deseo que se dibuja
en escorpión sediento de pistilo.

Me pienso almendra amarga que se estruja
en un terrible dulce. Dame asilo,
para que en tu huracán mi carne cruja.

Por dentro llevo el mundo que contiene

Por dentro llevo el mundo que contiene
la transitoriedad del ser pensante.
Me siento vivo; soy un traficante
del asco, y del placer que me sostiene.

El equilibrio busco, adentro, afuera;
la piel en medio haciendo de alcahueta.
Rasguños de caída en bicicleta,
la cicatriz del tiempo. Si volviera

la música de no aturdir la mente.
Esta bola de fuego, tanta chispa
que me chamusca el alma y que me duele.

Cuánto anhelo mi infancia transparente:
caña de azúcar, picada de avispa,
abrir la jaula al pájaro; y que vuele.

¡Qué absurdo el acto de escribir!

¡Qué absurdo el acto de escribir! ¡Qué absurdo
este girar como un derviche en torno
a las palabras que saco del horno
del cráneo! Ya me canso, ya me aturdo.

Un enjambre de verbos, por la casa,
revolotea pidiendo que no olvide;
que la memoria no me circuncide;
que mi café no tome en otra taza.

Pero qué sensación extraordinaria
me pone entero este juguete roto,
el corazón, cuando oye el alboroto

del nacimiento de la necesaria
criatura que me besa y que me quema:
¡Es un rayo de luz, es un poema!

Que juren por delante la luna y el bolero[16]

A Johanny Vázquez

Que juren por delante la luna y el bolero,
da igual en madrugada de rocío y palmera
que en aluvión de nieve de ciudad extranjera;
puedes usar mi cuerpo, Manuel Ramos Otero.

No quiero que descansen tus gestos en palabras.
Voy a montar tu muerto, de polvo convidado,
para que la lujuria que no te has descargado
la compartamos ambos: un mismo chupacabras.

Haremos cuatro orgías de noche y desenfreno:
Viejo San Juan, La Habana, Nueva York y Chicago.
Iremos a los bares por ángeles de estreno,

y nos los beberemos después de cada trago.
Serán las madrugadas como de azufre y trueno,
pues causaremos juntos un colosal estrago.

---

[16] Verso del poema *"Invitación al polvo"* de poeta puertorriqueño Manuel Ramos Otero (1948-1990).

¿Qué quieres tú de mí, Jorge García?

¿Qué quieres tú de mí, Jorge García?
¿Por qué me invocas si no tengo nombre
y me desdoblas cual si fuera un hombre
que expira con los ángeles del día?

¿Será que soy amante sustituto
de tus carencias, de tu sexo en luto,
que se fornica su melancolía?
Me tiras como trapo que se enfría

cuando otro cuerpo va a tu desamparo
buscándose a sí mismo; y tu persona
se engaña con la infiel fruta mentida;

y me recoges sin ningún reparo
cuando el orgullo se te desmorona
hastiado por la farsa de tu vida.

¿Qué te cocino, amor, en este día?

¿Qué te cocino, amor, en este día?
¿Estrellas al ajillo con limones?
¿Rebanadas de lunas en ostiones
o trozos de mi cuerpo a las sandías?

¿Tal vez, un corazón en revoltillo
o un verso con cebollas y tomates?
¿Qué te parece un alma en chocolate
o un beso de ternura y picadillo?

Quizás, una luciérnaga escalfada
en la esperanza tibia de tu imagen
Mejor, te frío peces adorables

que nadan jubilosos en mi almohada.
Y cuando todas las recetas cuajen,
agregaré sazones inefables.

Quizás no es él quien huye; yo me alejo[17]

Quizás no es él quien huye; yo me alejo
como quien va espantado de su vida.
Saltan recuerdos truncos del espejo
porque cada segundo se suicida

en este cuerpo que no reconozco
filosóficamente. Caracola
infinita es el tiempo en que me enrosco
a mi anciano, a mi niño y a la ola

del día cuya noche luz se sueña.
¡Qué gozo da ser todo y no ser nada,
y ser lo que no puede definirme!

En este ahora muere la cigüeña
del antes, del después. No hay madrugada.
¡Qué parto más eterno este morirme!

---

[17] Verso de "Cuarto de hotel" del poeta mexicano Octavio Paz (1914-1998)

Se morirán aquellos que me amaron[18]

Se morirán aquellos que me amaron,
uno a uno, después que yo me muera.
Tendrán, les vaticino, muerte entera,
total, definitiva. Así acabaron

los que ayer se sintieron inmortales
y corrieron tras lujos y placeres.
Soberbios nacen los amaneceres
que serán pájaros crepusculares.

¡Qué reflexión más sabia la del tiempo
en la espesura de los cementerios!
¡Cómo inflaman sus egos, los creídos,

con fuelles de fugaces pasatiempos!
Nos moriremos todos graves, serios:
los inconscientes y los convencidos.

---

[18] Verso del poema "*El viaje definitivo*" de Juan Ramón Jiménez (1881-1958).

Sentado sobre toda mi tristeza

> "Esta tarde llueve como nunca;
> y no tengo ganas de vivir, corazón".
> *Heces*, César vallejo

Sentado sobre toda mi tristeza,
me doy golpes de pecho, hurgo la herida;
y bebo el agrio caldo de mi vida
en sorbos sazonados de crudeza.

Tamañas soledades me visitan;
el corazón recoge sus pedazos;
y abrazo el hueco espacio de mis brazos
incestuándome el alma. Sólo habitan

en mí cuerpos etéreos e intangibles.
Tengo bárbara sed de cercanía;
y temo que mi flor marchite mustia

de oníricos orgasmos imposibles.
Odio ser hostia de mi eucaristía
y sacerdote de mi propia angustia.

Sentir que se desata un soneto

Sentir que se desata un soneto
como afán milagroso de la noche
y me reclama pertinaz su objeto:
que las metáforas le desabroche

en la blancura virgen de una página.
Catorce endecasílabos me retan
a que los ponga en negro a toda máquina;
a que los encabalgue. Ellos se inquietan

por ser el horno de una nueva idea.
Asisto con urgencia a esa señora
que pare el verbo de su profecía

con el dolor que el acto le acarrea.
No soy poeta; en mis entrañas mora
un terco servidor de la poesía.

Seré lo que había sido y que no era

Seré lo que había sido y que no era
cuando la muerte me haga una cigarra
en sus manos de noche. La guitarra
le cantará a mi alma de madera.

Entonces quemaré los argumentos
que me inventé -lo juro, equivocados-
cuando la vida me tiró en sus dados.
Sólo valdrán los agradecimientos.

Si me tomé los días cual batalla;
al poco tiempo, nada importará
a los del otro lado de la raya.

Cuando regrese al todo, se impondrá
la negación eterna del acervo;
analfabeto iré de todo verbo.

¿Seré yo quien escribe —me pregunto?

¿Seré yo quien escribe —me pregunto—
infames versos, casi garabatos,
en esta noche de aquelarre y gatos
en que fallezco de cualquier asunto?

¿A quién pedirle que le ponga un punto
a mis rocambolescos arrebatos,
cuando debiera estar fregando platos
con mi poeta miserable adjunto?

Si te hubieras llegado hasta mi cama,
estas rodillas de confesionario
pecaran de ser bestias religiosas;

y no se preguntara tantas cosas
mi necia vocación de diccionario
que no resuelve solo el crucigrama.

Si alguien llama a tu puerta una mañana[19]

Si alguien llama a tu puerta una mañana
con un ramo de rosas amarillas,
conviértete en jarrón de porcelana.
Abre tus brazos como las orillas

de un abismo de luz. Sacude el gesto
de sempiterna soledad que abrigas.
Concédele al amor su presupuesto
para que el sol madure las espigas.

Y si nadie te llega con sus flores,
vuélvete tú la voz, la buena nueva;
y toca timbres: una, dos, tres veces.

La vida es un concierto. Nunca llores
lo que estaba contigo. Cuando llueva,
verás que eres jardín y que floreces.

---

[19] Verso del poema *"Si alguien llama a tu puerta"* del escritor colombiano Gabriel García Márquez (1927-2014).

Tanto te me pareces a febrero

Tanto te me pareces a febrero
que le busco un catorce a cada día
del mes. En mí ha crecido el limonero
donde tu labio me supo a sandía.

Han pasado los años; te recuerdo
bañándonos de espuma en fogonazo.
De tanto desearte casi muerdo
la luz que te envolvía en el ocaso.

Quién habla de nostalgia. Me es posible
traerte cada tarde si interpreto
las notas de tu cuerpo como un cántico.

Yo sigo ardiendo con tu combustible.
Aunque no esté de moda, no me inquieto;
te amo como un animal romántico.

Te espero en la esperanza de esperarte

> "...yo te espero.
> Pero no vengas
> porque lo que yo
> quiero realmente
> es esperarte."
> *Poemas*, Miguel Barnet.

Te espero en la esperanza de esperarte,
y no esperarte espera mi esperanza.
Cuando te espero estás en lontananza,
entero si no vienes para amarte.

Me asistes a mi antojo si me faltas
y dibujo en mi carne tus estigmas.
Al aguardar exploro los enigmas
más sugerentes de tu rostro. Saltas

como un resorte en mi reloj de arena;
entras candil en mano al aposento;
el tiempo se destiempa eterno instante.

Aunque no estés, florece una azucena.
No vengas, ven, no vengas, ven; el viento
me trae tu recia estampa cabalgante.

Te mando ahora a que lo olvides todo[20]

Te mando ahora a que lo olvides todo:
mi nombre, mis costumbres, mis defectos
y los endecasílabos perfectos
que te encendí una tarde. Ya no hay modo

de arder y consumirnos desquiciados
en el balcón lascivo de la noches.
Tu sexo, tus caricias, tus reproches,
aquel vicio de estar encadenados,

desmayaron cual lirios corruptibles.
Auséntame, ignórame con calma
o como las tormentas descuartizan

las olas en los riscos impasibles.
Desátate de mí; záfame el alma.
También sagrados mitos agonizan.

---

[20] *Memoria de la fiebre*, Carilda Oliver

Tengo la punta de la oreja triste

Tengo la punta de la oreja triste
y la nariz nostálgica de miedo;
preocupaciones grandes en un dedo;
dolor de cejas; en el alma, un quiste.

Se psicotomatiza mi entrepierna,
y mis zapatos lloran sus pisadas;
los húmeros se vuelven desaladas
libélulas entrando a su caverna.

En fin, soy una enferma asimetría
que inútilmente clama por su cura.
Ya casi no me queda parte dura

en la extensión de mi melancolía.
Se va descascarando mi figura
en el trayecto de la noche al día.

Tengo un amor impúdico contigo

> "Yo tengo un amor difícil contigo
> que no ventila su olor, que no se exhibe"
> *Amor difícil,* canción de Amaury Pérez Vidal

Tengo un amor impúdico contigo,
omnívoro animal incontenible,
que cuando llegas se hace más tangible
al "sur de mi garganta"[21] y de mi ombligo.

Mi cuerpo lo declara, es el testigo;
y guarda al irte toda la evidencia
de tu canibalística injerencia:
banquete que agradezco y que bendigo.

Por el olor que dejas en mi cama
me precipito cual voraz sabueso,
reconstruyendo el memorable drama

que dejas en mi carne y en mis huesos;
y mi libido una vez más reclama
que se repita el lúbrico suceso.

---

[21] Nombre del poemario publicado de la poetisa cubana Carilda Oliver Labra en 1949.

Tengo una soledad tan concurrida[22]

Tengo una soledad tan concurrida,
tan llena de nostalgia por tu rostro;
que te alucino en sueños y me postro
en nuestra involuntaria despedida.

Me asomo a ver tu ausencia como un viudo.
Escribo una diatriba. ¿Es el destino?
¿Estoy enajenado? ¿Desatino?
Me quemo si te evoco y te desnudo.

Tus múltiples imágenes desfilan
en procesión de orgasmos inmortales.
Y voy como un Orfeo de inframundo

a rescatarte. Luces me obnubilan.
¡Qué fuerte tentación! ¿Giros fatales?
No miraré. Te quiero en este mundo.

---

[22] *"Rostro de vos"*, Mario Benedetti

Te van mis sentimientos de papel

Te van mis sentimientos de papel
en este fingidísimo soneto
con toda la fanfarria, el oropel,
de las palabras con que te decreto

que no me importa si yo en ti despierto
alergia, idolatría, complacencia
o simplemente apática indolencia.
Todo poema es un desconcierto.

Mi amor te va por dentro; es carnaval
que no vive en metáfora rimada
ni en verso tempestuoso e imponente.

Mi amor es infinito y radical
como una bárbara corazonada:
mi amor, a tu frialdad, indiferente.

Tú nunca entenderás lo que te quiero[23]

Tú nunca entenderás lo que te quiero,
porque la boca calla lo que el pecho
declara escandalosamente. Techo
soy de un volcán que vive en ascuas. Muero

con este sentimiento que te oculto
y me reprimo. ¿Cómo confesarte
que me perturbas? ¿Debo distanciarte
de mis hormonas sublevadas? ¿Multo

al corazón por su infracción grosera?
¿Lo condeno a ser pozo de silencio?
¿Le digo a mi animal que se abochorne

de estar en celo en plena primavera
cuando todo tu cuerpo reverencio?
¿Tú crees que de tus ráfagas retorne?

---

[23] "*El amor duerme*", Federico García Lorca

Tú sabes las secretas galerías[24]

Tú sabes las secretas galerías
del laberinto de mis sentimientos.
Conoces el jardín, los aposentos
ocultos de mi alma. Fluyen días

en la clepsidra hermética de un sueño.
Te espero en la ensenada de una nube;
te arrastras como caracol que sube
sin alcanzar mi vientre. Vano empeño:

salvar esta distancia que nos hiere.
Yo me revuelco en una cama rota
con muertas mariposas amarillas

y tú en el fin del mundo. ¿Por qué quiere
el desamor cobrar su artera cuota
trayéndome tu rostro en pesadillas?

---

[24] *"Y nada importa ya que el vino de oro"*, Antonio Machado

Umbrío por la pena, casi bruno[25]

Umbrío por la pena, casi bruno,
apenas sobrevivo; soy mi sombra.
Macabro el sobrenombre que me nombra
y no me pudre el nombre. Desayuno

cenizas con sabor a incertidumbre.
La soledad taladra. La penumbra
agranda cicatrices; y deslumbra
la luz que sana el mal, la podredumbre.

Yo moriré de muerte como un hombre
que siempre supo su destino breve;
pero antes abriré, para que vibre,

el ubérrimo umbral de mi pronombre.
Aquel viejo rencor no me conmueve.
¡Amar y perdonar me han hecho libre!

---

[25] *El rayo que no cesa*, Miguel Hernández

Un árbol se desnuda, hoja a hoja

Un árbol se desnuda, hoja a hoja,
y ofrece hasta su último retoño,
regio banquete de color otoño,
a sus propias raíces. ¡Paradoja!

Se devuelve a sí mismo lo que quiere
donar con altruismo. Se alimenta
de los matices de su vestimenta.
Mi cuerpo andante despojar prefiere

su túnica; que caiga suavemente
sobre otros cuerpos, como en remolino,
mientras se crucifica a su destino.

Aunque la nieve caiga de repente,
yo soy un crepitar de leña ardiente;
me sigo desfogando en el camino.

Voy perseguido por la certidumbre

> "Soy un pecado
> sólo sin brazos que derribar
> y sin sollozos, perseguido
> por la certidumbre."
> *La expiación*, José Revueltas

Voy perseguido por la certidumbre
de que debo abjurar de la esperanza
en un mañana. Sólo la costumbre
me machaca la vida. No me alcanza

el rayo redentor aquí y ahora.
Abandono la búsqueda, me rindo;
desisto del ocaso y de la aurora;
con lo sagrado de este instante brindo;

porque yo soy el pecado, soy la noria,
y soy Sísifo rodando el seboruco
de piedra colosal de mi gran ego.

Trato de concebirme sin historia,
pero me desengaño; es sólo un truco.
Me vuelvo a encadenar a mis apegos.

Ya empiezan a brotar los tulipanes

Ya empiezan a brotar los tulipanes;
yo sigo artrítico de primaveras.
Me vuelvo barro en un tiesto de esperas,
y me riego con dudas y ademanes.

Quiero que me poseas y profanes,
que me siembres fervientes sementeras
para no ser verdura de las eras;
que, al fin, nos acoplemos como imanes.

Quítame trapos con que miento al frío
y enciéndeme la cama a pura estrella,
aunque me quede anclado en el vacío

como una polirrítmica botella.
Contigo quiero odiarme de ser mío;
volverme bestia herida de tu huella.

Ya no les dejaré cuando me muera

Ya no les dejaré cuando me muera
la imagen de un hermoso santo joven.
Vivir es precio de que se joroben
todos los huesos y te dé chochera.

Narciso, si en la fuente de hoy se viese,
seguro estoy de que se suicidara;
pero yo vivo como si tuviese
mi cabeza con pelos y mi cara

tan tersa como Adán comiendo fruta.
En fin, de Dorian Gray soy el retrato,
la estampa de un artista adolescente;

soy un galán que nadie se disputa
y también un ingenuo mentecato.
Mi espejo dice: ¿Quién te mete el diente?

Ya que me tienes de este amor colgado

Ya que me tienes de este amor colgado
como una pieza que pasó de moda;
te colgaré un soneto anticuado
en Facebook, para que la gente toda

se entere de tu esdrújulo abandono.
Eras mi fruta; estoy vegetariano.
Sin ti los besos no desabotono;
mi mano ya no es mano sin tu mano

y estoy necesitándote del todo.
¡Qué cursi amor penando en el deseo
de su penosa pena penitente!

Que pene si penar es su acomodo;
que pene si penar es su trofeo;
que pene su penar de nieve ardiente.

Ya viene resbalando la gran sierpe

> "sierpe de fuego con escamas de oro"
> *El camino de Damasco*, Julián del Casal

Ya viene resbalando la gran sierpe
a circular de gozo la cintura.
La boca se complace en mordedura
de flauta; brota música de Euterpe.

Adolescentes pámpanos me vibran
la carne. Un tiempo griego me amanece.
Los vórtices de cuerpo se calibran;
el pecho es ala dulce que florece.

Priápicos mancebos me visitan.
A Baco ofrezco místicos licores;
y danzo, en éxtasis concupiscente,

un hasápiko. Liras me musitan
anacreónticos himnos de amores;
y yo me ofrezco como un odre ardiente.

Yo estuve en pretendido falansterio

> "La maldita circunstancia
> del agua por todas partes"
> *La Isla en peso*, Virgilio Piñera.

Yo estuve en pretendido falansterio
rodeado de maldita circunstancia:
Me hicieron creer el cuento de Numancia,
y cenobita fui de un monasterio.

Maitines, laudes, vísperas, salmodias;
compraba el hábito por la libreta,
pero quería ser anacoreta.
Aquellos lustros fueron las parodias

de Papillones en Islas de Diablos.
Yo quise redimirme de mí mismo
con práctica de yoga y ascetismo,

pero estaban ya listos los establos.
Yo tuve accesos místicos un día;
me ataron, y directo a Psiquiatría.

Yo me paso los dedos por el cráneo

Yo me paso los dedos por el cráneo,
más bien las falangetas. Yo preparo
una caricia por el desamparo
que pudrirá mi rostro subcutáneo.

Yo defenestro la filosofía
y defiendo las cosas que nos juntan.
¡Qué me importan los necios que preguntan
lo inútil evidente! La entropía

de todas formas seguirá aleatoria
como un enjambre sobre mi esqueleto.
Arrodillo el cadáver, y respeto

el misterio que escapa de la historia.
La civilización: ¡Qué parapeto!
El universo es pez; nada en su gloria.

Aunque la nieve caiga de repente

Yo muero extrañamente... No me mata la vida[26]

Yo muero extrañamente... No me mata la vida.
Me voy poniendo negro como quien anochece
y vaga por estancias, se desnuda, se olvida.
Me voy poniendo blanco como quien se estremece,

como quien se desfoga, como quien se libera,
como quien pierde el miedo al bregar cotidiano.
Yo muero extrañamente... ¡Qué muerte más entera
la de morir en vida, la de morir en vano,

la de morir a todo, la de vivir a nada,
la de quien se adelanta, la de quien suelta el lastre!
Yo muero extrañamente, yo muero sin dolor,

yo muero oscuro y claro, yo muero madrugada,
yo muero a mi persona, yo muero a mi desastre;
porque sólo me queda repartirme en amor.

---

[26] Verso del poema *"Lo inefable"*, de la poetisa uruguaya Delmira Agustini (1886-1914).

Yo no soy un poeta de Matanzas

Yo no soy un poeta de Matanzas;
no figuro en ninguna antología.
Chicago me parió de lejanía;
me pudro en charco de desesperanzas.

Mi vida es arco; me retuerzo en puentes;
nostalgia de mi sangre hay en tres ríos;
dibujo en rascacielos, lomeríos;
fornico con recuerdos indecentes.

En Michigan y Medio tomo helados;
deambulo parques; ¿qué me importan nombres?
Compro frutas heridas en mercados,

y ropa reciclada de otros hombres.
Tengo en el alma muertos encallados,
y vengo de Matanzas. ¡No te asombres!

Yo que me suicidé en mil novecientos

Yo que me suicidé en mil novecientos
setenta y seis: balcón de F y Tercera.
No entiendo por qué tengo el alma entera
como una Habana sin remordimientos.
¿Qué Jorge visitándome de Jorge
en este dos mil doce de Chicago?
¿Qué Jorge sobrevive a tanto estrago
en la costumbre de llamarse Jorge?

¿Qué Jorge me interroga como un hijo
a un padre que recoge su difunto?
¿Porqué entre tantos Jorges yo te elijo

si ser homosexual ya no es mi asunto?
¿Te me has quedado anclado en el prefijo?
Sigamos, Jorge, caminando juntos.

Yo quiero recorrerme paso a paso

Yo quiero recorrerme paso a paso
desde mi crudo origen hasta el alma;
poner este insaciable fuego en calma
como la luz al beso del ocaso.

Más si deambulo por las dimensiones
del árido paraje que me habita,
sólo me encuentro con la flor marchita
de mis esdrújulas contradicciones.

Las verdades eternas no me alcanzan.
A veces de falacias me emborracho
para aliviar un crónico dolor.

Tus tiernos ademanes me esperanzan;
y con la ligereza de un penacho,
me dejo arrebatar por el amor.

Yo quisiera borrarme a medida que escribo

Yo quisiera borrarme a medida que escribo
o más bien desangrarme en mi propio poema;
que no sean mis versos parábola blasfema
de la abismal tronera que en mi pecho percibo.

Y aunque tengo certeza de que estoy transmutando
en todas las palabras que al final habré escrito,
sólo puedo sentirme inmortal e infinito
cuando atrapo visiones y las voy encriptando.

Yo no sé si provengo de mis padres y un chiste
o de una estrella terca que se impuso en la noche;
si es el tiempo una cruel artimaña del alma

o intervalo gozoso de lo triste a lo triste.
Pero este gran teorema científico me calma:
Te irás como viniste, sin hacer un reproche.

Yo seguiré escribiendo sonetos anacrónicos

Yo seguiré escribiendo sonetos anacrónicos
que no tengan vergüenza de un gastado lirismo
y naden como peces en su romanticismo.
Me gustan y me entallan los versos salomónicos

con los que canto al cielo por donde vuelo herido.
Yo seguiré arrancando palabras de mi pecho
porque el amor es siempre un pájaro maltrecho
y necesito entrarte al alma por tu oído.

Aunque halle otro camino para decir te quiero;
no se agota el abismo por donde caigo y muero
rendido al atributo concreto e infinito

del ángel que te habita, del cuerpo del delito;
de tu visión desnuda que me invade y abusa
tan despiadadamente como una hipotenusa.

Yo soy el hueco espacio que no soy

Yo soy el hueco espacio que no soy;
desde la transparencia me desllamo.
No existo. No padezco. No reclamo
No importo. No respiro. Nunca estoy.

Me toco con el aura de mis dedos;
y grito con la voz de no ser voz.
Me culpo con la culpa tan atroz
de ser el mayor miedo de mis miedos.

Desaparezco de no parecerme,
y dejo ausentes huellas al posar
frente al espejo de mi ser visible.

Vida es el intervalo de ofrecerme
como una imagen antes de alcanzar
la invisibilidad de lo invisible.

Yo tengo la impresión de ser, no siendo

Yo tengo la impresión de ser, no siendo;
y de no estar, estando: nada, todo.
Mi verdad es el verbo que acomodo;
la falsa pretensión de ir conociendo.

¡Qué decepción ser punto subjetivo
de un caos al que soy indiferente!
Como el rebaño sigo la corriente
de dar autoridad al adjetivo.

La cualidad, ¿qué importa? Sólo el nombre.
El nombre es menos útil que la esencia;
la esencia es muy gaseosa, relativa.

Si el canon tiene un límite en el hombre;
volveré con Platón a la apariencia,
a la caverna; sin alternativa.

Yo vengo de regreso de ese viaje

Yo vengo de regreso de ese viaje
que tiene por objeto irse de nuevo.
Prefiero, amigo, no cascar el huevo
por curiosear. No soy un personaje
que se deslumbra por el colorido
de un orgulloso pavo de cortejo.
Tampoco tengo vocación de espejo
para que en mí te mires poseído.

Sabido es que el buey solo bien se lame;
así que no me envuelvo en tu frazada
si en mí sólo te buscas a ti mismo.

Cuando quieras de nuevo que te llame;
vayámonos sin nombre hacia la nada,
y démonos un beso en el abismo.

Y si no sobreviven las palabras

> ¡Y si después de tantas palabras,
> no sobrevive la palabra!
> César Vallejo

Y si no sobreviven las palabras
a las cosas sencillas, al amparo
de tus brazos y besos. Yo declaro
que prefiero los prados y las cabras;

volver bucólico al Renacimiento,
al queso, al vino, al cielo, a la zampoña.
Si mueren las palabras; si retoña
el dulce lamentar, la queja al viento,

de los pastores de mi Garcilaso;
entonces volveremos al idioma
elemental de vida: la poesía;

entonces no habrá dioses en ocaso;
entonces soltaremos las palomas
para que sin palabras brille el día.

Aunque la nieve caiga de repente

Indice

Absorto me refugio casi siempre 5

Acepto este destino de camisas planchadas 6

Adiós, eternidad que desconozco 7

¿Adónde te remito el corazón? 8

A la gran certidumbre, oscuramente 9

Al nocturno sopor del sueño vano 10

Amor, ¿qué voy a hacer con tanta ausencia? 11

Ansias de aniquilarme sólo siento 12

Aquella tarde en Cuba, con tus ojos 13

Arrastro un esqueleto adolorido 14

Aunque me eleve y flote en pensamientos 15

A veces aquel niño me visita 16

Bajo el ángulo recto de una estrella 17

Buñuelos del exilio 18

Cada vez más te siento menos mío 19

Comprendo la quimera a que me aferro 20

Cuando me ausento y dejo de ser yo 21

Cuando me vuelvo sobre mi persona 22

Dejemos a esos dos en el camino 23

De nacer a morir soy intervalo 24

De peces, de panes, de rayos, de estrellas 25

Desde este corredor de la memoria 26

Destrabo mi garganta de su nudo 27

De todo nos estamos despidiendo 28

Detrás de los barrotes de mis versos 29

El día, la ilusión es devorada 30

El hambre de mi cuerpo, el laberinto 31

En este exilio que me ha dado un techo 32

En aquel encuentro nos dimos las caras 33

Escribo bajo el ala del ángel más perverso 34

Ese pueblo de Cuba que se llama 35

Es hoy; todo el ayer se fue cayendo 36

Es la noche una cinta de estrellas 37

Esos cuerpos del sauna que amenazan 38

Esta costumbre de amarrarme al nombre 39

Esta fruta mordida por mis dientes 40

Éste es mi corazón; el partidario 41

Hacia la pura desnudez danzante 42

Hay días en que siento una desgana 43

Hay días que acobardan su color 44

Hay días que me ponen invisible 45

Hay una locura que todo lo cura 46

Hay una vieja foto de mi infancia 47

Hoy quiero conversar con la tristeza 48

Inútilmente alargo este momento 49

Las flores que perfuman días de nieve 50

La soledad no cabe en el silencio 51

Llevo la vida entera tapiándome la boca 52

Me aposento en tu ser, alucinado 53

Me curaré el color de tu abandono 54

Me estoy llorando el corazón que llevo 55

Me excederán los días 56

Me gozo en el placer de los varones 57

Me lanzo en cuerpo y alma a este soneto 58

Me lloro bien adentro, me derramo 59

Mi patria es una isla de palabras 60

Narciso 61

Nadar en este aquí, que es este ahora 62

No olvido que seré bien olvidado 63

Palabras son mis dedos que acarician 64

Por dentro llevo el mundo que contiene 65

¡Qué absurdo el acto de escribir! 66

Que juren por delante la luna y el bolero 67

¿Qué quieres tú de mí, Jorge García? 68

Aunque la nieve caiga de repente

¿Qué te cocino, amor, en este día? 69

Quizás no es él quien huye; yo me alejo 70

Se morirán aquellos que me amaron 71

Sentado sobre toda mi tristeza 72

Sentir que se desata un soneto 73

Seré lo que había sido y que no era 74

¿Seré yo quien escribe –me pregunto? 75

Si alguien llama a tu puerta una mañana 76

Tanto te me pareces a febrero 77

Te espero en la esperanza de esperarte 78

Te mando ahora a que lo olvides todo 79

Tengo la punta de la oreja triste 80

Tengo un amor impúdico contigo 81

Tengo una soledad tan concurrida 82

Te van mis sentimientos de papel 83

Tú nunca entenderás lo que te quiero 84

Tú sabes las secretas galerías 85

Umbrío por la pena, casi bruno 86

Un árbol se desnuda, hoja a hoja 87

Voy perseguido por la certidumbre 88

Ya empiezan a brotar los tulipanes 89

Ya no les dejaré cuando me muera 90

Ya que me tienes de este amor colgado 91

Ya viene resbalando la gran sierpe 92

Yo estuve en pretendido falansterio 93

Yo me paso los dedos por el cráneo 94

Yo muero extrañamente... No me mata la vida 95

Yo no soy un poeta de Matanzas 96

Yo que me suicidé en mil novecientos 97

Yo quiero recorrerme paso a paso 98

Yo quisiera borrarme a medida que escribo 99

Yo seguiré escribiendo sonetos anacrónicos 100

Yo soy el hueco espacio que no soy 101

Yo tengo la impresión de ser, no siendo 102

Yo vengo de regreso de ese viaje 103

Y si no sobreviven las palabras 104

Aunque la nieve caiga de repente

ABOUT THE AUTHOR

Jorge Luis Garcia de la Fe: Born in Cardenas, Cuba, Sept. 25, 1954. Poet, writer, and former editor of the journal Contratiempo. Live in Chicago since 2007. Received his BA in Literature from the University of Havana (1975-1981) and MA in Latin American Literatures and Cultures from Northeastern Illinois University (2011-2012) Between 1981-1996, Garcia de la Fe was professor of Literature at Juan Marinello, a Higher Education Institute in Matanzas, Cuba. He also worked as Art Methods Teacher at the Guanajayabo Cultural Center in Maximo Gomez (1996-2002), as well as professor of Spanish Stylistics at Camilo Cienfuegos University in Matanzas (2002-2007). Since 2007 lives in Chicago where he has taught at Cervantes Institute, Centro Romero, Enlace-Chicago and St. Augustine College. His poems have been published in Revista Matanzas (Cuba); Ventana Abierta (California); El Canto del Ahuehuete (León, Guanajuato); Contratiempo (Chicago); Dialogo (DePaul University, Chicago). His poetry collection Chicago es mi batey/Chicago is my Community has been published by Vocesueltas 2010, in the Collection En la 18 a la 1/ In the 18th. At 1. His poems are also part of the anthologies Susurros, para disipar las sombras (Erato, 2012) and Rapsodia de los sentidos (Erato, 2013). At present he works as a professor of Spanish at Harold Washington College.

Jorge Luis García de la Fe: Nació en Cárdenas, Cuba el 25 de septiembre de 1954. Estudió una Licenciatura en Lengua y Literaturas Hispánicas en la Universidad de la Habana entre 1975 y 1981 y un Master en Literaturas y Culturas Latinoamericanas en Northeastern Illinois University entre 2011 y 2012. Fue profesor de Literaturas Hispánicas en el Instituto Superior pedagógico "Juan Marinello" de Matanzas entre 1981 y 1996. Trabajó como Metodólogo de Arte en la Casa de Cultura "Guanajayabo" de Máximo Gómez entre 1996 y 2002, así como profesor de Redacción y Estilo en la Universidad "Camilo Cienfuegos" de Matanzas entre 2002 y 2007. Emigró a Estados Unidos en 2007. Reside en Chicago, donde se ha desempeñado como profesor de Español y GED en el Instituto Cervantes, Centro Romero, Enlace-Chicago y Saint Augustine College. Es poeta, ensayista y ex-editor de la revista Contratiempo. Ha publicado sus poemas y ensayos en: Revista Matanzas (Cuba), Ventana Abierta (Santa Barbara,California), El Canto del Ahuehuete (León, Guanajuato), Contratiempo (Chicago) y Diálogo (DePaul University). Su poemario Chicago es mi batey forma parte de la antología En la 18 a la 1, publicado por ediciones Vocesueltas en septiembre de 2010. También forma parte de las antologías poéticas Susurros, para disipar las sombras (Erato, 2012) y Rapsodia de los sentidos (Erato, 2013). Actualmente labora como profesor de Español en Harold Washington College.

Jorge García de la Fe

Cover art photograph:
Miguel López Lemus.©

PUBLISHER

Pandora lobo estepario Productions™
http://www.loboestepario.com/press
Chicago

www.ingramcontent.com/pod-product-compliance
Lightning Source LLC
Chambersburg PA
CBHW060811050426
42449CB00008B/1634